P9-CCK-841

Marleen Vanvuchelen

Juan es diferente

Ilustraciones Ingrid Godon
Traducción María Lerma

EDELVIVES

Juan y Ana, los primos de Bruno,
están todavía durmiendo,
aunque ya es la hora de levantarse.

Su madre los despierta:

—Venga, Juan. Venga, Ana. ¡Arriba!

Ana abre los ojos.
Salta de la cama.

—Buenos días, mamá.
Buenos días, Juan.

Su madre le da un beso.

Juan también está despierto.
Su madre dice:

—Venga, Juan. ¡Arriba!

Pero Juan no hace caso.
Juan se queda en la cama.

Y salta, salta, salta.
Juan salta en la cama.
Eso le divierte mucho a Juan,
saltar, saltar, saltar.

Su madre dice:
—Venga, Juan. ¡Levántate ya!
Salta, salta, salta.
Juan no escucha a su madre.

Ana mira a Juan y después pregunta:
—¿Juan es travieso?
—No, Ana —contesta su madre—.
Juan no es travieso.
Juan es... diferente.
«¿*Diferente*?» piensa Ana.

La madre de Juan lo aúpa.
Le da un beso y después
lo lleva al cuarto de baño.
Ana está allí vistiéndose.
Su madre dice:
—Venga, Juan. Venga. ¡Vístete!

Juan no hace caso.
Juan se mira en el espejo grande,
saca la lengua y empieza a chuparlo.
Juan lame el espejo.
Lame, lame, lame.
Hace grandes rayas y una línea larga.
Eso le divierte a Juan.
Está poniendo el espejo perdido.

Ana mira a Juan y después pregunta:
—¿Juan es travieso?
—No, Ana —contesta su madre—.
Juan no es travieso.
Juan es... diferente.
«*¿Diferente?* —piensa Ana—.
¿Otra vez diferente?»

Juan y Ana están sentados a la mesa.
Ana está comiendo un bocadillo de queso.
Su padre dice:
—Cuando te termines el bocadillo
podrás comer alguna galleta.

Juan no come bocadillos.
Juan no come queso.
Juan sólo come galletas.
Un mordisco, y otro, y otro.
Por la mañana galletas.
Un mordisco, y otro, y otro.
Por la tarde galletas.
Un mordisco, y otro, y otro.
Por la noche galletas.

El padre pone un trozo de queso
en la galleta de Juan.
Juan le da un mordisco
y, entonces, lo escupe con asco.

Ana mira a Juan y después pregunta:
—¿Juan es travieso?
—No, Ana —contesta su padre—.
Juan no es travieso.
Juan es... diferente.
«*¿Diferente*? —piensa Ana—.
¿Qué es diferente?»

Juan y Ana están jugando
en la alfombra grande.
Ana construye con bloques
una torre muy alta,
una torre muy grande para Juan.
—Mira, Juan —dice Ana—.
He hecho una gran torre para ti.
Juan gira la ruedecita
de su coche.
Juan no mira.
Y gira, gira, gira.
Eso le divierte mucho a Juan,
girar, girar, girar la rueda.

Ana le quita el coche.
—Mira, Juan —dice—.
Rum, rum, rum.
¡Así anda el coche!
Pero eso no le divierte a Juan.

Juan se enfada mucho
y empieza a golpearse la cabeza
contra el suelo.
Llora muy fuerte.
Ana también está enfadada.
—¡Juan, eres muy travieso!

Su madre viene.
—¿Qué pasa aquí? —pregunta.
—¡Juan es travieso! —exclama Ana.
—No, Ana. Juan no es travieso.
Juan es… diferente.
Su madre le devuelve
el cochecito rojo a Juan.
«*¿Diferente?* —piensa Ana—.
¡Siempre diferente!»

Ana está muy enfadada.
Enfadada con Juan.
Enfadada con su madre.
Y enfadada con su padre.

Su madre se acerca y le pregunta:
—¿Por qué estás tan enfadada?
Ana mira a Juan y después exclama:
—¡Juan es travieso!
—No, Ana —contesta su madre—.
Juan no es travieso.
Juan es... diferente.
Pero ven aquí, Ana, cariño.
¿Te gustaría ser *diferente* a ti también?

Ana lo piensa mucho,
y no sabe qué contestar.
Su madre lo comprende,
y le propone un plan:
que Ana durante un día
sea *diferente*.

Hoy es el gran día.
Juan se va a jugar a casa de los abuelos
y Ana se queda con sus padres.
Hoy es el día especial de Ana.
¿Tan especial como el día
de su cumpleaños?
No, claro que no.
Hoy es un gran día *diferente*:
Ana podrá hacerlo todo *diferente*,
hacerlo todo como Juan.

Por la mañana dice su madre:

—Venga, Ana. Venga. ¡Arriba!

Pero Ana no hace caso.
Ana se queda en la cama.
Y salta, salta, salta.
Ana salta en la cama.

Su madre la aúpa.
Y le da un beso.

—¿Me has oído, Ana?
—Sí —contesta.

Su madre le pregunta:

—¿Tú crees que Juan me escucha cuando le hablo?

Ana piensa mucho antes de contestar:

—Sí —dice—, pero para Juan escuchar es otra cosa, otra cosa *diferente*.

Su madre la lleva al baño, y dice:
—Venga, Ana. Venga. ¡Vístete!
Ana no hace caso.
Ana se mira en el espejo grande,
saca la lengua y empieza a chuparlo.
Hace grandes rayas y una línea larga.
Está poniendo perdido el espejo.

—¿Te divierte chupar el espejo?
—pregunta su madre.
—No —contesta Ana—.
Es un poco asqueroso.

Su madre le pregunta:
—¿Tú crees que a Juan
le divierte hacerlo?
Ana piensa mucho
antes de contestar:
—Claro que sí —dice—,
pero para Juan chupar
el espejo es otra cosa,
otra cosa *diferente*.

Ana está sentada a la mesa.
Su padre le da algunas galletas.
Un mordisco, y otro, y otro.
Por la mañana galletas.
Un mordisco, y otro, y otro.
Por la tarde galletas.
Un mordisco, y otro, y otro.
Por la noche galletas.

Su padre pone un trozo de queso
en la galleta de Ana.
Ana le da un mordisco.
¿Escupe Ana el queso?
No, claro que no.
A Ana le gusta mucho el queso.
—¿Quieres más galletas?
—pregunta su padre.
—No —contesta Ana—.
Quiero más queso.

Y su padre le pregunta:

—¿Tú crees que Juan querría más galletas?

—Sí —contesta Ana—. Juan sólo come galletas. Para Juan eso también es otra cosa *diferente*.

Ana y sus padres están
jugando en la alfombra grande.
Su madre construye una torre
muy alta para Ana.

—Mira, Ana. He hecho
una gran torre para ti.

Ana gira la ruedecita
de un coche.
Ana no mira la torre.
Y gira, gira, gira.

Su padre le quita el coche.
—Mira, Ana.
Rum, rum, rum.
¡Así anda el coche!

¿Ana se ha enfadado?
¿Va a llorar?
¿Va a golpear su cabeza
contra el suelo?
No, claro que no.
Ana coge un coche
y lo conduce hasta
donde está el otro.
A Ana le divierte mucho jugar
con su padre a los coches.
Y conducir y conducir.

También construyen con los bloques
una ciudad gigantesca.

—¿Te divierte jugar con alguien,
con el primo Bruno, por ejemplo?
—pregunta su madre.
—Claro que sí —contesta Ana—.
No pararía de jugar en todo el día.

Su padre le pregunta:
—¿Tú crees que a Juan
le divierte jugar con alguien?
Ana piensa mucho antes de contestar:
—Claro que sí —dice—, pero
para Juan jugar es otra cosa,
otra cosa *diferente*.

Ahora es su padre el que tiene un plan:
—Ana, ¿qué te parece si Juan
se va con los abuelos de vez en cuando,
y nosotros esa tarde jugamos contigo
en la alfombra grande?
Ana cree que eso es estupendo.
—¡Yupi! —exclama,
y corre a besar a sus padres.

Ana se ha levantado.
Va al perchero y coge su chaqueta.
—Venga, papá. Venga, mamá
—dice Ana—. Vamos,
¡estoy impaciente por ver a Juan!

Directora de la colección: Mª José Gómez-Navarro

Coordinación editorial: Juan Nieto Marín

Dirección de arte: Departamento de imagen y diseño

Título original: *Stijn is anders*

Carretera de Madrid, km. 315,700
50012 Zaragoza
teléfono: 913 344 883
www.edelvives.es

ISBN: 84-263-5100-X
Depósito legal: Z. 891-03

Talleres Gráficos Edelvives (50012 Zaragoza)
Certificados ISO 9002
Printed in Spain